NOTICE

SUR LA

SITUATION DE M. LE GÉNÉRAL SCHAEDELIN

EN CHINE

NOTICE

NISTÈRE
A GUERRE

—

RECTION
DES
RES CIVILES

—

BUREAU
3988, Nº 7.

NAPOLÉON, par la grâce de Dieu et la volonté nationale, Empereur des Français.

A tous présents et à venir, salut.

Sur le rapport de notre Garde des Sceaux, Ministre Secrétaire d'État au Département de la Justice.

Avons décrété et décrétons ce qui suit :

Le sieur Schaedelin, François-Joseph-Germain, ex-capitaine au 11ᵉ régiment d'infanterie de ligne, né à Colmar (Haut-Rhin), le 7 juillet 1825, demeurant à Paris, est autorisé à prendre du service dans l'armée de l'Empereur de la Chine, sans perdre la qualité de Français, à la charge expresse par lui de ne jamais, et sous quelque prétexte que ce puisse être, porter les armes contre la France, sous les peines énoncées dans les lois.

Notre Garde des Sceaux, Ministre d'État au Département de la Justice, est chargé de l'exécution du présent décret, qui sera publié et inséré au *Bulletin des lois*.

Fait au Palais de Fontainebleau, le 6 juillet 1862.

Signé : NAPOLÉON.

Par l'Empereur :

*Le Garde des Sceaux, Ministre d'État,
au département de la Justice.*

Signé : Delangle.

PORT **DE** **LORIENT** —	***ORDRE DE SERVICE** de Monsieur le Contre-Amiral Préfet maritime du Port de Lorient à Monsieur le Commandant du* Cosmao.

Le Contre-Amiral, Préfet maritime,

En exécution d'une dépêche ministérielle du 2 juillet 1862.

Ordonne à Monsieur le Commandant du *Cosmao* de recevoir à son bord, à compter de demain 24 juillet, M. Schaëdelin, ex-capitaine au 11ᵉ de ligne, qui se rend dans les mers de Chine.

Cet officier sera admis à la table de l'État-Major, aux frais de la marine.

Lorient, le 23 juillet 1862,

Signé : Chopart.

Enregistré au rôle du Bureau
Signé : Pinard.

Enregistré sur le rôle d'équipage du *Cosmao*.
Signé : Duguen.

DIVISION NAVALE **DES** **MERS DE CHINE** —	***ORDRE** de Monsieur le Contre-Amiral Commandant en chef la Division navale des mers de Chine.*

En vertu des ordres de Monsieur le Contre-Amiral Commandant en chef,

Monsieur Schaëdelin, ex-capitaine du 11ᵉ de ligne se rendant en Chine avec une mission particulière, prendra passage à bord de la frégate la *Sémiramis*.

Cet officier sera à la table de l'État-major, où il comptera à la date du présent ordre.

Le présent sera enregistré au rôle d'équipage de la frégate la *Sémiramis*, à bord de la *Sémiramis*.

Rade de Singapore, le 28 novembre 1862.

Le chef d'État-major,

Signé : Layrle.

Enregistré au rôle de la *Sémiramis*.

L'officier d'administration,
Signé : Faublacher.

Enregistré à la majorité générale
de la division n° 7.

Signé : Fracke.

DE FRANCE
EN
HINE

COPIE de la dépêche de M. Berthemy, Chargé d'affaires de France à Pékin, adressée à M. Schaëdelin, Commandant du corps Franco-Chinois, dans le Tche-Kiang.

Monsieur,

Le Gouvernement Chinois vient de me faire savoir qu'il vous avait nommé au Commandement du corps Franco-Chinois du Tche-Kiang. En me faisant part de cette décision, dont il informe également les vices-rois du Fo-Kien et du Kiang-Son, le prince de Kong m'annonce que vous vous trouvez dès à présent placé sous la direction du Fou-Tay de ces deux provinces, ainsi que sous celle du Tao-Tay de Ning-Po.

Je ne doute pas, Monsieur, de votre vigilance à prévenir le retour des désordres qui, dans ces derniers temps, ont signalé d'une manière si regrettable les opérations du corps que vous commandez aujourd'hui.

- Attachez-vous à entretenir avec les fonctionnaires Chinois des relations convenables, apprenez aux populations à respecter le nom de la France, et soyez assuré qu'en échange des services que vous rendrez à notre légitime influence, mon concours ne vous fera pas défaut.

Recevez, Monsieur, l'assurance de ma considération distinguée.

Signé : BERTHEMY.

ORDRE DE SERVICE à M. Schaëdelin, Vice-Commandant en chef dans le Tche-Kiang.

Son Excellence Ly, Gouverneur du Kiang-Son, déclare ce qui suit :

Le 1ᵉʳ jour de la 4ᵉ lune de la 2ᵉ année de Tong-Tche (le 18 mai 1863), j'ai reçu de son Excellence le Ministre des affaires étrangères une communication officielle portant que M. Kleczkowsky lui avait adressé une lettre par laquelle il lui annonçait que l'Amiral français avait déjà choisi une personne pour remplir le poste occupé par feu M. Le Breton, mais qu'un seul Commandant était insuffisant pour un commandement aussi important; qu'à la prise de Schao-Sing, par exemple, s'il y avait eu un Commandant en second, l'attaque eût pu être continuée et la ville prise sans délai; on eût vaincu sans une première défaite.

« J'ai en conséquence jeté les yeux, dit M. Kleczkowsky, « sur un officier français, M. Schaëdelin, pour prendre, « en attendant, l'emploi de vice-Commandant en chef du « Tche-Kiang.

« Je vous prie d'écrire aux Gouverneurs du Kiang-Son « et du Tche-Kiang, afin qu'ils lui donnent une commis- « sion pour qu'il aille prendre possession de son poste. »

Je pense que ce que dit M. Kleczkowsky est vrai et que M. Schaëdelin peut être nommé à l'emploi de vice-Commandant, et en combattant les rebelles, devra se soumettre à la juridiction du Gouverneur du Tche-Kiang et du Tao-Tay de Ning-Po et Shao-Sing, et sera récompensé ou puni d'après les lois et coutumes chinoises.

Quant à ses soldats et leur paie ou nourriture, les hauts fonctionnaires chinois auront à s'en occuper et à déterminer ce qu'ils croiront convenable ; M. Schaëdelin n'aura pas le droit d'intervenir dans cette question et obéira aux ordres qui lui seront donnés pour la marche des troupes et leur approvisionnement.

Moi, Ly, Gouverneur, en conséquence des ordres ci-dessus, crois de mon devoir de donner la présente à M. Schaëdelin, pour qu'il aille au Tche-Kiang prendre son commandement.

M. Le Breton, en entrant au service chinois, a dû se soumettre à la juridiction du Tao-Tay ; M. Schaëdelin, choisi et recommandé par M. Kleczkowsky, déclare être consentant à entrer à notre service en la qualité sus-spécifiée.

Aujourd'hui le Gouverneur du Tche-Kiang, qui est à Yen-Tcheou et a des rapports établis avec Ning-Po et Schao-Sing, pourra lui-même régler la position et les faits et gestes de M. Schaëdelin.

Je dois lui donner la présente, lui ordonnant de se rendre à Ning-Po et de se mettre aux ordres de Son Excellence le Gouverneur de Tche-Kiang et le Tao-Tay de Ning-Po, faisant tout ce qu'il pourra pour prouver son zèle dans l'intérêt de notre armée, adoptant du reste les lois et coutumes chinoises pour les récompenses et punitions qu'il aura méritées, et en toutes choses, s'adresser au Gouvernement du Tche-Kiang, par l'intermédiaire du Tao-Tay de Ning-Po, et se conformer à leurs ordres, évitant de prendre de son propre mouvement toutes mesures qui pourraient porter dommage aux opérations militaires.

Tel est l'objet de la présente.

Le 2e jour de la 4e Lune de la 2e année de Tong-Tche (19 mai).

Pour traduction exacte,

Signé : LEMAIRE,
Interprète du Consulat Général de France à Shang-Haï.

TRADUCTION de la lettre de Son Excellence le vice-Roi Fso, Gouverneur des provinces du Fro-Kien et du Fché-Kiang, adressée à M. le Général Schaëdelin au camp devant Han-Tchiou. le 13ᵉ jour du 2ᵉ mois de la 3ᵉ année du règne de Font-Che.

J'ai remarqué, par mon expérience, que les affaires sont difficiles avec M. d'Aiguebelle; sa vivacité, son caractère, ses tergiversations, la passion qu'il met à obscurcir les affaires qu'on apporte à ma juridiction, tout ceci fait qu'aucune des histoires qui me sont racontées concernant les troupes ne seront examinées que quand le général Schaëdelin sera arrivé à Tché-Kiang, pour décider de ces affaires, combattre et mener vigoureusement les affaires d'après les ordres que je donnerai moi-même (non sous la dénomination du Gouvernement francais).

Le Prince de Kong a donné l'ordre de créer un service; ce service est entre les mains de M. D'aiguebelle. Cet état de choses crée des difficultés au Général Schaëdelin; j'ai trouvé nécessaire que mon Conseil pourvoie à ces difficultés par des ordres explicites.

Le Général Schaëdelin, a pris le commandement supérieur de 6,000 hommes pour aller à Out-Chen et Fongt-chiang combattre les rebelles.

Je sais avec quel courage les opérations ont été menées par vous, ce dévouement mérite des remerciments et la récompense d'une position plus élevée.

Certifié la traduction ci-dessus,
Signé : SCHAEDELIN.

Paris, le 24 juillet 1874.

TRADUCTION de la lettre d'avis du Tao-Tay de Ning-Po, adressée à M. le Général Schaëdelin.

Au nom de l'Empereur,

Moi Che, nommé Nyan-Tcha-Tse, Gouverneur au Tche-Kiang de Ning-Po et de Shao-Sing, Préfet maritime et Commandant des troupes.

La notification de cette affaire est présentée cette année le 21ᵉ jour du 9ᵉ mois.

Il a été demandé, par son Excellence le Général, les récompenses honorifiques de la Plume et du Bouton, en outre la récompense de la médaille d'or.

Cette demande a été présentée par Tsiang Gouverneur du Tche-Kiang.

La notification de cet édit a été faite au bureau du Gouvernement.

En conséquence, l'Empereur ordonne au Préfet maritime de faire savoir qu'il accorde au Général français Schaëdelin, le titre de mandarin de 3ᵉ classe, la Plume et le Bouton rouge, la médaille d'or et de lui remettre dans le Tche-Kiang les marques de ces dignités.

• Cet édit impérial sera enregistré dans les bureaux et connaissance en sera donnée à qui de droit.

Son Excellence le Général doit conserver cet écrit comme lettre d'avis et preuve de cet édit.

Édit envoyé en réponse.

Le 27ᵉ jour du 9ᵉ mois de la 5ᵉ année de Tong-Tche.

Au Français le Général Che.

Certifié véritable la traduction ci-dessus.
Signé : TIN-TUN-LIN.

---

*COPIE de la lettre du Chargé d'affaires de France
à M. Schaëdelin.*

ON DE FRANCE
EN
HINE

Pékin, le 8 novembre 1866.

Monsieur,

Je viens de recevoir du Prince de Kong une dépêche qui m'annonce que Sa Majesté l'Empereur de la Chine a daigné vous conférer le Bouton rouge de 2ᵉ classe, la Plume de paon et la médaille d'or.

Je suis heureux, Monsieur, de pouvoir vous transmettre ces marques de la bienveillance impériale et vous envoie ci-joint une traduction certifiée de la dépêche du Prince pour que vous puissiez justifier de vos droits auprès de la Grande Chancellerie de la Légion d'Honneur.

Signé : Henry DE BELLONNET.

Prince de Kong
au Chargé d'af-
faires de France.

DÉPECHE *du Prince de Kong, Régent de l'Empire de la Chine au Chargé d'affaires de France à Pékin.*

Le Surintendant du Commerce de Shang-Haï nous fait connaître qu'il a été informé par le Vice-Roi du Fo-Kien et du Tché-Kiang que M. Schaëdelin, officier français, ayant rendu des services importants comme commandant un corps de fusiliers chinois à la prise de la ville de Hou-Tchéon, avait été proposé par lui à l'Empereur pour le Bouton de 2e rang, la Plume de paon de 2e classe et la médaille d'or.

Le 20e jour de la présente lune, Sa Majesté a daigné agréer ces propositions et accorder à M. Schaëdelin les récompenses demandées pour lui.

J'ai l'honneur d'en informer le noble Chargé d'affaires, le priant de vouloir bien faire connaître ces dispositions à l'officier français qu'elles concernent.

Agréez, etc., etc.

Le 27e jour de la 9e lune de la 5e année de Tong-Tje (le 4 nov. 1866).

Pour traduction conforme,

Le 1er Interprète de la Légation de France en Chine.

Signé : G. LEMAIRE.

TRADUCTION *de la lettre du Vice-Roi Shœ, Gouverneur des deux provinces de Canton et Quang-Sy, aux autorités de Ning-Po, ordonnant le paiement de la maison du Général Schaëdelin, d'après la Convention passée avec M. le baron de Trinqualye, Consul de France à Canton.*

Nous avons l'honneur d'écrire à M. le Général Schaëdelin au sujet de sa maison construite à Ning-Po pour laquelle il a dépensé 14,000 piastres (84,000 francs).

Maintenant que le Général désire retourner dans son pays, il est juste qu'il reçoive comptant la moitié de cette somme ; il a déjà été écrit au bureau du département que cette décision a été envoyée à la sanction du Ministre.

Nous avons à remercier de ses services dévoués le Général Schaëdelin, services qu'il a rendus dans les circonstances difficiles où l'on se trouvait à Ning-Po, dans le Tche-Kiang, de son énergie dans les combats contre les rebelles, la prise des places fortes et la soumission du pays.

Nous désirons très-vivement que l'affaire de la maison soit réglée, à cause de son retour au sujet duquel nous a entretenu plusieurs fois M. le Consul de France à Canton.

Nous nous plaisons à revenir sur les louanges à faire sur les actes utiles qu'il a accomplis ; on en parle souvent de toutes parts, dans le particulier comme en public, avec une unanimité d'éloges ; l'opinion générale et toutes les correspondances témoignent des remercîments qui lui sont dus.

Notre cher Général, pendant toute sa mission, a été d'un dévoûment utile au Vice-Roi, au Pays, au Gouverneur et au Ministre, aussi il convient qu'une décision lève toute difficulté et qu'une époque soit déterminée pour le paiement de notre dette, époque qui ne doit pas être éloignée.

A cause de sa juste intelligence, nous ne cesserons pas de remercier le Général Schaëdelin, et nous porterons toujours gravé dans notre cœur le souvenir de notre frère.

A son départ, nous lui enverrons notre témoignage écrit, nous lui affirmerons par notre visite que notre souvenir le suivra au loin et lui donnerons une lettre scellée de notre cachet.

Nous avons l'honneur de vous saluer.

Pour traduction conforme.

Signé : Tin-tun-lin.

TRADUCTION de la lettre du Mandarin Fat-Chan, adressée à M. le Général Schaëdelin, à Canton.

Votre respectueux serviteur vous a rendu visite hier. J'écris ceci avec mon pinceau fleuri.

Je vous annonce que je viens de faire connaissance avec

le petit navire à vapeur à grande vitesse faisant le service de notre capitale. Il offre toute commodité pour les voyageurs, pour leur commerce, leurs visites et la facilité du transport. Chacun, d'un commun accord, se loue de la commodité de ce nouveau service, j'en donne le témoignage.

Le service de ce navire est très-profitable au public; je vous félicite d'avoir établi ce service à hélice, son parcours est fait exactement en toute saison; toutes formalités sont remplies pour assurer l'aller et le retour. Dans les bureaux du Ya-Men, les inspecteurs de navigation se sont assurés eux-mêmes de l'observation de la loi.

L'ordre est donné à tous les employés du bord d'exécuter respectueusement les ordres donnés.

Je ne vous dis pas encore tout ce que j'ai d'agréable à vous dire.

Le 13e jour du 5e mois.

Mon cachet est sur la carte ci-jointe :

TCHOU-TCHING-YONG.

Certifié véritable la traduction ci-dessus,
Signé : TIN-TUN-LIN.

MINISTÉRE

E LA GUERRE

—

DIRECTION GÉNÉRALE

DU CONTROLE

DE LA COMPTABILITÉ

BUREAU

DU

ERVICE INTÉRIEUR

ET

DES ARCHIVES

—

NVOI *d'un Certi-ficat de Services militaires.*

—

N° 1645.

A Monsieur Schaëdelin.

Versailles, le 1er août 1874.

MONSIEUR,

D'après votre demande j'ai l'honneur de vous adresser ci-joint un certificat de vos services militaires.

Il résulte de l'examen de votre dossier que jusqu'à l'époque de votre démission vous avez été noté favorablement.

Recevez, Monsieur, l'assurance de ma considération distinguée,

Le Ministre de la Guerre,

Par ordre et par délégation spéciale
du Conseiller d'État,
Directeur général du Contrôle et de la Comptabilité.

Le Chef de Bureau faisant fonctions de Chef de Service,
Signé : MANNOURY.

Services de M. Schaëdelin, François-Joseph-Germain, capitaine d'infanterie de ligne, démissionnaire, né à Colmar (Haut-Rhin), le 7 Juillet 1825.

Engagé volontaire au 30ᵉ de ligne	28	août	1843
Caporal.	25	mai	1844
Caporal-fourrier.	17	août	»
Sergent-fourrier	14	octobre	»
Sergent.	26	avril	1845
Sergent de grenadiers.	17	juillet	»
Sergent-major	9	mars	1846
Sous-lieutenant.	9	juin	1848
Sous-lieutenant de voltigeurs. . . .	9	janvier	1852
Lieutenant.	23	décembre	1853
Lieutenant de grenadiers.	15	mai	1855
Capitaine au 11ᵉ de ligne.	5	mai	1859

CAMPAGNES : CRIMÉE 1855 & 1856

SERVICES EN CHINE

Autorisé à prendre du service dans l'armée de l'Empereur de la Chine par décret impérial du 6 juillet 1862.

Nommé par S. M. l'Empereur de Chine, vice-Général en chef des troupes de la province du Tche-Kiang, le 19 mars 1863.

Entré en campagne le 15 août 1863.

Livré aux rebelles Taypings, 44 combats.

Enlevé les villes suivantes :

Han-Tcheou, capitale de la province,

Chamen, ville principale,

Ton-Tchiang   id.

Chan-Ling   id.   enlevée d'assaut;

Chen-Son   id.   id.

Hon-Tchon, 2ᵉ ville de la province.

Le fils du roi Lou-Vang a été tué à la prise de Chan-Ling.

Le roi Lou-Vang sorti de Hou-Tcheon le lendemain de la prise de Chan-Ling, avec 20,000 hommes, pour venger la mort de son fils a été tué pendant la bataille.

Le roi Que-Vang s'est rendu prisonnier de guerre avec son corps d'armée fort de 5,000 hommes après plusieurs défaites.

Le général Schaëdelin a reçu de ce même Que-Vang 100,000 piastres à titre de soumission, laquelle somme a été intégralement remise au Gouvernement de la province Tsiang-Fontay.

Le roi Hu-Pe-Yang s'est également rendu prisonnier avec son corps d'armée fort de 6,000 hommes.

Après un siége très-pénible, la prise de la ville de Hou-Tcheou a terminé la Campagne, octobre 1864.

Le 4 novembre 1866, sur la proposition de Son Excellence le Gouverneur de la province du Tche-Kiang, M. le général Schaëdelin a reçu de Sa Majesté l'Empereur de la Chine :

1° La médaille d'or du mérite militaire;
2° Le Bouton rouge de 2° rang ;
3° La Plume de paon.